चलो समेट लें

तरुण कुमार श्रीवास्तव

स्वर्गीय पूज्य दादा जी को समर्पित ....।

क्रम-सूची

प्रस्तावना

'चलो समेट ले' के बारें में जब से मैंने सुना तब से ही मेरी जबान पर चढ़ गया। एक अजब सी कशिश जैसी महसूस हुई ऐसा लगा कि कहीं न कहीं ये मेरे दिल के बहुत करीब है, फिर लगा कि कहीं ये मेरी जिंदगी पर आधारित तो नहीं है। यकीन मानिये, जैसा सोचा था वैसी ही पुस्तक भी है। इस पुस्तक को पढ़ते-पढ़ते कब आप इसमें खो जाते है आपको पता भी नहीं चलता और पन्ने दर पन्ने आप यही सोचते रहते है कि काश ये समय यहीं रुक जाए और ये किताब कभी ख़तम ही न हो।

बेहतरीन लेखनी का एक उत्कृष्ट उदाहरण है ये पुस्तक। सीधी सरल भाषा-शैली प्रत्येक व्यक्ति से जुड़ने में मददगार सिद्ध हुई है। व्यक्तिगत अनुभवों को एक रचना के रूप में बहुत खूबसूरती से उकेरा है तरुण जी ने। अ मस्ट रीड बुक।

तरुण जी को उनकी पुस्तक के लिए हार्दिक शुभकामनाएं।

देवशील गौरव

(लेखक- फिर आगे क्या हुआ, द सेवियर)

भूमिका

अक्सर ही मैं सोचता हूँ कि हम अपनी आने वाली पीढ़ी के लिए क्या छोड़ जाएंगे। पैसा,जमीन-जायदाद और सुकून भरी जिंदगी का सपना तो सभी देखते है और इसके लिए सतत प्रयासरत भी रहते है। परंतु इन सबसे बड़ी दौलत जो हम अपनी आने वाली पीढ़ी को सौंप सकते है, वो शायद हमारी यादें होगी। ये यादें न केवल उनके बीच हमें जिंदा रखेंगी बल्कि जब कभी भी वे अकेले हो या उन्हें हमारी जरूरत हो, हम उनके साथ होंगे। हालांकि आज की भौतिकतावादी संस्कृति ने हमें सिर्फ व्यस्तता ही दी है, खुद के लिए या अपनो के लिए समय नहीं। और फिर जिंदगी में एक समय ऐसा भी आता है जब हमारे पास समय तो होता है मगर अपना कोई नहीं। "चलो समेट ले" एक छोटा सा प्रयास है हम सभी की जिंदगी के उन लम्हों और समय को पुनः संकलित करने का जो हम सभी के जीवन का एक अहम हिस्सा है। यह एक प्रयास है इन सभी लोगों को धन्यवाद करने का, उन सभी के योगदान को सराहने का और उन सभी यादों में फिर से डूब जाने का जो हमें जिंदा रखती है, जिनकी वजह से हम है। और वे सभी कारण भी जिसने हमें खुद से रूबरू कराया। प्यार का अहसास हो, प्यार हो, नफरत हो या फिर चाहे दुनिया जीतने का हौसला, उठते-गिरते तमाम विश्वास और हौसले को बहुत ही प्यार के साथ आपके लिए प्रस्तुत कर रहा हूँ। आशा करता हूँ कि जीवन के इस सफर में आप भी मेरी यात्रा के सहयात्री बनेंगे और इस सफर को यादगार बनाएंगे। आपके प्यार और सहयोग का आकांक्षी।

आपका अपना,
तरुण श्रीवास्तव

1. (खंड-क)

2. प्यार का अनुभव

भरी महफिल में उन्होंने प्यार का तोहफा मांगा,
साहब आशिक़ गरीब था,जिंदगी ही दे बैठा।

****

मिलन की लीक से दूर जाते हुए उनके पर,
शायद उन्हें भी छा रहा है बदनाम होने का डर।

****

बहुत करवटें बदली,रातों को खोते- खोते।
आंखें पथरा गई है, तेरे याद में रोते- रोते।।

****

किस कदर अता करें अपने उद्गार को।
उनसे कैसे साबित करें अपने प्यार को।।

****

उसका पता हाथों की हथेलियों में करता रहा,
मगर वो हमेशा मेरी आंखो ही में छाई रहीं।

****

ज़माने की कातिल निगाहों से लड़ना पड़ता है,
तुमसे मिलने के लिए बहुत कुछ सहना पड़ता है।

****

अपनी नजर से देखो,मेरे आंसू दिख जाएंगे तुम्हें;
दूसरे से अगर हाल पूछोगी मेरा,अच्छा ही बताएंगे तुम्हें।
शर्माना, देखना, मिलना और फिर तड़पा देना,
मोहतरमा!ये हुनर है आपके, इन्हें खो ना देना।

****

साथिया तेरे बिन,मेरा हर अंदाज अधूरा है,
दर्द भी बेदर्द हो जाता है अगर साथ पूरा है।

****

संकल्पों की नदियों में साथिया है तेरा हाथ,
मुकम्मल होगी जिंदगी है अगर आपका साथ।

****

कमबख्त जिंदगी से,तुम इतनी खफा क्यों हो सनम,
अब क्या कुछ पल भी तारीफ़ की गुंजाइश न रही।

****

वजह कुछ भी नहीं थी,उनके रूठने की;
बस मुआवजा मांग रहा था,आंख में डुबोने की।

****

भरोसा जताया जिन पर वहीं दागदार निकले,
वजह कुछ भी और ना थी,पर जख्म हजार मिले।

****

लिबास बदल लिया,ख्वाहिशें गुमनाम कर ली,
मगर आंखो से बहे लहू के निशान रह गए।

****

इक दिन हमारी भी सजेगी इश्क़ की कहानी,
जब मै बनूंगा राजा तेरा और तू मेरी रानी।

****

ज़ुल्म तेरा है जो लिए हो खंजर वरना
मै तैरना चाहता हूं मयखानी तेरी नजर में।

****

मचलती नदी में करवटों का मुसाफिर बन गया,
मेरा जरूरत से ज्यादा चाहना भी मुझको भारी पड़ गया।

****

इन आंखों को नीची कर जो अहसान किया,
इश्क़ के आयने में मुझको सरेआम किया।

****

घुला है नशा नदी में उनके पांवों के रंग का,
बात इतनी सी है कि वो नहाए होते तो क्या बीतती।

****

आंखों में सिमटे रहे और एहसासों में दबे रहे तुम हमेशा,
फिर भी तरस गए हम महफ़िल में तेरे एक अल्फाज के
लिए।

****

सजदा किया,संभाला भी, जिसे ख़्वाब में भी बसाया।
कैसे खो दूं उस चेहरे, जिसमे जिंदगी रास आया।

****

खामोशियां को नहला दो फागुनी रंग से, इस होली में,
तमन्ना है यही मेरे दोस्त फिर संग घूमे तेरी हमझोली में।

****

हवाओं पर लिखा मैंने ये हसीना! तेरा नाम,
तू उड़ गई आसमां में और मै हो गया बदनाम।

****

आंखो में तुझे लिए घूमता रहा उम्र भर,
बात संभालने की आयी तो मुंह फेर लिया।

****

मेरे नाम को हमेशा वो अलग पहचान देती है,
रूठ जाती है मगर देखती है तो मुस्कान देती है।

****

अगर मुकम्मल हो मोहब्बत उनसे,

चलो समेट लें

इल्ज़ाम सभी सह जाऊंगा।

****

खूबसूरत पन्ने पर तेरे संग खुद को उतारूं,
मन कर रहा है चलो इश्क़ लिखें और उसे निहारूं।

****

ठहर जाए जिंदगी, ऐसा दौर ना आया;
उसकी याद की हिचकियों ने जिंदगी दे दी।

****

रूह की पूंजी लगी थी,रिश्तों के कारोबार में;
रिश्ता ही टूट गया, दूसरों के सरोकार में।

****

अजनबियों ने शिकायते तुम्हारी बहुत की,
मगर बिताया गया वो एक लम्हा उन सब पर भारी रहा।

****

नहीं रोक पाए उसे जो जाने को बेकरार थे,
मांगी बिदा ऐसी जैसी हमारे बीच ऐसे ही करार थे।

****

इश्क़ के बदले इश्क़ की फितरत ना रखिए,जनाब
नशे का एक और जाम मिल जाए तो लोग अक्सर पी ही
जाते है।

****

छोड़ देना अच्छा है बेवजह के संबंध,
वरना लोग करने लगते है स्वार्थ के अनुबंध।

****

बस कैद कर लो तुम मुझे अपनी निगाहों में,
हम बना लेंगे सपनों की तस्वीर अपनी बाहों में।

****

कभी वफा की राह में रोड़े बने थे, गलतफहमी हमारी;
आज भी लफ़्ज़ों से जारी है,उनको मनाने की कोशिश
हमारी।

****

तेरे याद में लिखी सारी चिट्ठियां खो गई,
बेमौसम रिश्तों में बेवफाई के बीज बो गई।

****

इस बसंत में दिन फूलों के बीत रहे है,
और वो प्यार की खेती को खूब सींच रहे है।

****

अकेले छोड़ जाने वाले,तुम क्या जानो हाल हमारा,
तुम्हें कैसे बताए?तेरे बिन हमने जिंदगी कैसे गुजारा।

****

ये शाम हमसे तो कुछ बोल इस अकेलेपन में,
इस दुनिया में इससे तेरा मेरा ताल्लुक तो पुराना है।

****

कैद शब्द की कराह पर नहीं चलती किसी की अर्जियां;
जैसे खुली किताब की तरह है जिंदगी की मनमर्जियां।

****

कितना वक्त चाहिए तुमको आकर मेरा हो जाने में,
बड़ा दर्द सहा है उपहासों का तेरे संग मिल जाने में।

****

तुम रख लो अब तो मेरे दिल को अपनी बाहों में,
शायद तुम्हारे हाथों की नरमी;उसको जान दे जाए।

****

इस दिल का,तेरे बिन क्या करूं,
मन तो तुम्हीं में बसता है।

****

कदमों की रफ्तार लौट आयेगी,गर दिल से सवाल करना,
बिछड़ने से ज़रा पहले, मसला हल सब बवाल का करना।

****

इक ख्वाब की खुशबु में,आज हमने फिर से नहाया;
मुखातिब हुए फूल से और जीवन कांटों को लुटाया।

****

रात की आगोश में हम भी ढह गए,
लेकर सीने में विरह, गम हम सह गए।

****

मुकम्म्ल मोहब्बत में पाई अफसोस के सन्नाटे को गर
बूझो,
पुकारा करेंगे तुम्हें रात दिन बस एक बार खैरियत तो
पूछो।

****

एक चाहत ही थी दहकती आग का दीवाना होने की,
मगर गुंजाइश तनिक ना छोड़ी जीवन में साथ देने की।

****

खट्टी मीठी जिंदगी का ये बड़ा हसीन मेला है,
फैसला टिका है तुम पर वरना जीना अकेला है।

****

ये राज की बात है या किसी बातों का राज है,
हो कुछ भी इस दिल पर बस तुम्हारा ही ताज है।

****

जिंदगी तू ही बता ताल्लुक तेरा किससे है,
मगर कुछ भी हो मेरा वास्ता सिर्फ तुझसे ही है।

****

सिमट गया हूं खुद के बाग में 'युवा'
शायद अब मेरी कली खिल जाए।

****

बेचारा सजाया था सपना उसने बड़े ही सलीके से,
मगर सारी ख्वाहिशें एक एक करके मर गईं।

****

ख़्याल रखा हमने उनकी हर चाहतों का
मगर हुआ क्या? बदले में सिर्फ और सिर्फ बेवफ़ाई हाथ
आयी

****

तुम मिल भी जाओ ना,इतना भी तड़पाओ ना,
मानता हूं,गलती हमारी है,सॉरी!पर अब सताओ ना।

****

चाय पीते वक़्त;फिर आंसू झलके उनके याद में,
और हमने लोगो को इसका कारण जली जीभ बता दिया।

****

बहुत जल्दी में घर से निकलता हूं तुम्हारे दीदार के लिए,
फिर भी तुम्हारे घर पहुंचते पहुंचतेदेर ही हो जाती है।

****

हम भी गए इश्क़ के मयखाने में,फिर भी होश में लौटे,
यहां लोगों को हमने दीदार-ए-हुस्न से ही बेहोश होते देखा
है।

****

कुछ यादें याद भी है तुम्हें,अपनी पहली मुलाक़ात की,
या फिर वैसे जैसे घाव पर राख जम गई हो आग़ की।

****

वादा है खुद से अगर तुम ना मिली इतना दूर चला
जाऊंगा तुझसे,
फिर इंतजार करती रह जाओगी, कभी ना मिल पाऊंगा
तुझसे

****

वो मेरी जिंदगी के मोहब्बत की कहानी में आए बस इतना,
जैसे मेट्रो के दरवाजे खुले ही नहीं की बंद हो हुए जितना।

****

हम दोनों के बीच का पुल जिस दिन अनावरित हो जाएगा,
वादा है ज़माने से,फिर हमारा ही प्यार दौड़ता नज़र
आएगा।

****

ख्वाबों की देखा देखी में,मैंने भी खूब गवाया,
हकीकत से कभी मिला नहीं और अंधेरा ही रास आया।

****

तुम्हारी नज़र में,मै क्या हूं;ये बताओ तो सही,वैसे कुछ
समझ ना आता है,
तुम्हारा इस पर कुछ ना कहना,बस मुस्कुरा देना,और भी
बड़ा ख़्वाब लाता है।

****

जिंदगी से क्या खुशी,जिंदगी से क्या शिकवा,
बस गम के हम है और गम है हमारी हवा।

****

जिंदगी की आधी दूरी में ही बेवफ़ाई कर जाना अच्छा
लगा,
वरना मेरे तो ड्राइविंग लाइसेंस भी रद्द करते ज़माने वाले।

****

हम उनके इंतज़ार में यूं ही एक ही जगह टहलते रहे,
और वो दूसरे के बाहों में खुद को महफ़ूज़ समझती रही।

****

मै ख्वाब में भी था तो क्या हुआ,खुश तो था उसकी बाहों
में

खता पलक झपकने की तो देखो,उससे मुझे दूर का दिया।

****

नए सिरें से शुरू करें हम अपने जीवन की नई कहानी,
मै बन जाऊं तेरे दिल का राजा,तू बन जाए मेरी रानी।

****

इस कद्र की है वफाई ख़ुशबू की,जो फूल से जुदा नहीं
होती,

मगर फूलों की बेवफ़ाई तो देखो,अकसर पेड़ो से कर जाती
है।

****

गुमशुदा कौन है मुझमें जिसे तू तलाशता है,
था मुझमें जो चला गया,अब रास्ता ही रास्ता है।

****

हम जिनके इंतज़ार में किसी और के ना हुए
वही जाकर गैरों से गले मिले।

****

लौट आने वाले थे,दिल के सौदागर,
मगर उन्हें नया सौदा मिल गया।

****

प्यार करती हूं वाली तेरी अदाकारी पर क्या इनाम लुटाए,
जो तुम हमसे कभी जताए नहीं,हम वो क्यों निभाए।

****

चलो समेट लें

वो आए थे,आंसूओं की अहमियत समझाने,
उन्हें क्या पता मेरी आंखे उनमें पीएचडी है।

****

सिसायत हुई प्यार में, फासला बढ़ा,
बुरा था नहीं मै मगर,इल्ज़ाम चढ़ा।

****

मेरा तो इरादा नहीं था कि अब मैं कभी उनसे मिलूंगा,
मगर संयोग ही ऐसा रहा कि सिर्फ वहीं हर मोड़ पर मिले।

****

दिल उसका ऐसा सागर था,
जिसमें हम जैसी नदियां डूबने को तैयार थी।

****

तुम्हारी नज़र में मेरी **औकात क्या है**, ये तो नहीं कुछ
जानता,
बस तुम में जीना चाहता हूं,इससे ज्यादा तुमसे कुछ नहीं
मांगता।

****

मेरे लफ्जों की नदी बहती चली गई,
मगर किसी किनारे संगम ना हुआ।

****

ए जिंदगी तूने हर जगह दिखाया मेरा दम,
मगर बाजी ए इश्क की, मात खा गए हम ।

****

तमन्ना नहीं रही मेरी अब फिर से दर्द सहने की,
ढूंढता रहता हूं मरहम खुद में ही तुझसे दूर रहने की।

****

हमारी नजदीकियों के मायने में बस वही एक चेहरा है,

जिस पर मेरी धड़कन भी फिदा है और आंखो का पहरा है।

****

कुछ तो कमी है मेरी और कुछ पलकों का पहरा है
शायद इसलिए सफेद दीवारों पर अधेरा गहरा है।

****

तुम मिल भी जाओ ना,इतना भी तड़पाओ ना,
मानता हूं,गलती हमारी है,सॉरी!पर अब सताओ ना।

****

चाय पीते वक़्त;फिर आंसू झलके उनके याद में,
और हमने लोगो को इसका कारण जली जीभ बता दिया।

****

हम भी गए इश्क़ के मयखाने में,फिर भी होश में लौटे,
यहां लोगों को हमने दीदार-ए-हुस्न से ही बेहोश होते देखा
है।

****

कुछ यादें याद भी है तुम्हें,अपनी पहली मुलाक़ात की,
या फिर वैसे जैसे घाव पर राख जम गई हो आग़ की।

****

वादा है खुद से अगर तुम ना मिली इतना दूर चला
जाऊंगा तुझसे,
फिर इंतजार करती रह जाओगी, कभी ना मिल पाऊंगा
तुझसे

****

उम्मीद रखकर थोड़ा थोड़ा सहेजोगे प्यार,जिंदगी में अजूबा
हो जाएगा,
ध्यान रहें,मुंडेरों पर बैठकर पहरेदारी करने से फूल मोहब्बत
का नहीं खिलता।

****

शैतानी अदा से तेरे,दिल मेरा आबाद है
लोग कहते है इश्क़ मेंतू बहुत बर्बाद है।

****

बुलाऊंगा मिलने के बहाने तुझे, चाय पर
निकुलूंगा तेरे घर के सामने से बस तू हाय कर।

****

झलकती है नादानियां तेरी हर बदतमीजी में
जा बेवफ़ा! तुझे इस दफा फिर माफ किया।

****

गहरे रिश्ते दिल के सरहद पर बुलंदियां लाती है,
खाली पड़ी दिल की दीवारें हमको मंजूर नहीं।

****

रिश्ता जोड़ लिया उसने अंगूठी पहनाकर
हम रूह से रूह के मिलन की मांग करते रह गए।

****

निगाहें उसकी बड़ी मासूम है,
वो खुद मुस्कुराकर दिल बहला देती है मेरा।

****

दिल में थी आग औरनिकलती रही आह!!!
किसी ने भी न बुझाईऔर सभी ने की वाह!

****

मुस्कुराहट उनकी देखकर मन अटक सा जाता है निगाहों
पर,
और निगाहें उनकी मासूम होने का बयान करती है।

****

ख्याल भले बेवफाई का रखना मगर

ज़ख़्म देकर मत पूछना दर्द कितना गहरा है।

****

सुखन मिला बहुत दिनों के बाद
उसे अकेला देख मेरे इंतज़ार में।

****

यूं इंतजार करती रहती है मेरी दिल की प्रिया,
मेरा अधिकार उसनेकभी किसी को ना दिया।

****

खैर वो मेरी है इसी अहसास में मस्त रहता हूं
उसके बाहों में सोने के ख़्वाब बुनता रहता हूं।

****

बसा लिया है तुम्हें मैंन इस दिल के भूखंड पर,
तुम भी आंखे बंद करकेइस पर प्यार का हल चला दो।

****

मुस्कुराकर दिल को फसाए जाते है
बस मोहब्बत एकतरफा निभाए जाते है।

****

रीझना,रूठना,मनाना ये इश्क़ के उतार चढ़ाव है,
मेरे मनाने से तुम मान जाओ यही तो लगाव है।

****

क्या कहे ये जिंदगी तुमसे
हमने वहीं चाहा है
जो इनकार किया देने से तुमने....

****

लोग रहते हैं तन्हा मगर मुस्कुराते हैं ढेर,
ये वो अपने ही हैं जो अपनों से निभाते हैं बैर।

****

माहिर था मैं हिसाब करने में मगर
बेवफाई का उनके हिसाब न कर पाया।

****

नसें काट लिया करते थे हम जिनकी याद में
मिलें आज वो महफ़िल में किसी गैर से, हमको अनदेखा
करके।

****

आ गई रौनक मेरी दिल में फिर एक बार
उसके हाथ में अपने नाम की मेहंदी देखकर।

****

चढ़ गई नशा तेरे आंख की
और हमने ख़्वाब देखना छोड़ दिया।

****

कैसे संभालूं हर दम तुम्हें
मुझे संभालने तू भी तो कभी आ जा।

****

रिश्ते निभाते निभाते हम हो गए खामोश
उन्हें लगा लड़का बेवफ़ा है।

****

परवाह, खूबियां और नफ़रत लफ़्ज़ों से क्यों बयां करूं?
जब आंखे ही खामोश हो जाती है तुम्हें देखकर।

****

खुद को पा लिया खुद का होकर
अब किसी गैर की चाहत नहीं रही।

****

तेरे इश्क़ में सरकार बना दूंगा
गर मुझे तेरे आंखे का बहुमत मिल जाए।

****

ये इश्क़ है जो आज भी निहारती है खिड़कियों से,
बेवफ़ाई का इल्जाम देकर, दरवाजे बंद करने के बाद।

****

अनावरित होता रहा दिल उसका
मै सब सह गया, इंतज़ार का होकर।

****

मुकम्मल करना चाह रही थी इश्क़ किसी गैर को,
हमने भी लूटा दिया उनका हाथ, वक़्त का होकर।

****

दूध की चाय बहुत अच्छी लगती है हमें
मगर तेरे इश्क़ में
तुम्हारे हाथ की काली चाय भी शौक से पीता हूं।

****

रहता हूं मदहोश तुम्हारी आंखों में
मगर लोग कहते है मै नशा करता है

****

पलकों से मुस्कुराने की तेरी ये आदत है कातिलाना
दीवारें दिल की लहर मारकर चाहती है तुम्हें बसाना।

****

लगाव दिल का है तो गुलाब क्या दूं
दिल ही ले लो,
इससे ज्यादा ख़्वाब क्या दूं।

****

मायूस होकर सिखलाया था जिंदगी को उसने
अब उसके दिल में मेरी कोई इबादत न रही

****

चलो समेट लें

खेल खेल में खो दिया आज उसने, हमसे रिश्तेदारी,
जैसे परिंदे का पर तोड़ दिया हो कोई शिकारी।

****

उसने कहा इश्क़ की परिभाषा लिखो
मैंने उसका ही नाम लिख दिया।

****

शाम धीरे धीरे गुज़र ही जाएगी
मगर रात का गुजरना बहुत भारी है।

****

बेखबर अंदाज है तुम्हारा, फिर भी बार बार गुहार रहा मन,
पीता हूं जाम तुम्हें भूल जाने को, फिर भी तेरी ही तड़प में
कहार रहा मन।

****

चांदनी रात में उनके दीदार के कायल थे हम
जैसे चहकते उनके पैरों के पायल थे हम।

****

मेरे इंतज़ार की दास्तां बहती रही आंसुओ से
और उनकी आंखो की सिसायत ने उसे रोग माना।

****

तोहफ़े में दूंगा तुम्हें अपनी डायरी
जिससे समझो खुद को, पढ़ मेरी शायरी।

****

मुश्किलें बहुत सह ली तुम्हारे प्यार में
बस इंतज़ार मुकम्मल हो जाए यही दुआ करता हूं।

****

बेखबर हूं तेरी आंखो की इस गहराई से,
तकदीर ने मारा, बेवफाई का दाग देकर।

****

छिपा दूंगा खुद को तेरे आंचल में,
शर्त ये है पहले प्यार के लिए बदनाम तो कर।

****

लिए मन में एक आस, कर तुम पर विश्वास
प्यार की राह पर आगे बढ गए और क्या से क्या हो गए।

****

देकर गुलाब इश्क़ का पिला दिया है तुमने जाम
बेहोश होकर नूर में लेता रहता हूं तेरा नाम।

****

किताबें इश्क़ की पढ़ने का क्या फायदा,
जब मुकम्मल करने का ना कर पाओ वायदा।

****

क्या क्या दर्द लिखूं, क्या क्या सह जाऊं
अच्छा है आंखो से सह लूं और आंसू पी जाऊं।

****

लटकते रहे हम, प्यार में उनके
वो पहनते रहे दूसरों के झुमके।

****

मेरी जिंदगी की अजब कहानी है,
आंखो में आंसू होंठो पर मुस्कान की रवानी है।

****

जिनको दी जिंदगी हमने,वहीं हमारी गर्दन पर वार करते
है,
पर मेरी खुद्दारी तो देखो, अभी भी हम उनसे प्यार करते
है।

****

चलो समेट लें

बात पहुंचती नहीं मगर मेरा प्रयास जारी है,
प्यार करो या ना करो मगर मेरी हर सांस तुम्हारी है।

****

दहकते रहे आग के सोले मन के बसेरों में,
जला दिया खुद को तेरे इश्क़ का होकर।

****

बात पहुंचती नहीं मेरी मगर प्रयास जारी है,
ख्यालात उनके मिलते नहीं हमसे मगर चढ़ा इश्क़ का
खुमार भारी है।

****

चुस्कियां लेने का मजा ही कुछ और है,
चाय मिले गर उनके हाथों से।

****

पहले झिझकन फिर इश्क़ और अब दर्द।
इस जिंदगी कैसे ठहराए क्या सही क्या ग़लत।

****

प्यार का प्यासा हूं कोई प्यास बुझाता क्यों नहीं,
लगता है बंजर है दिल हमारा,सो कोई आता नहीं।

****

अक्सर भिगोते थे तकिए तुम्हारी याद की राहों में, आज
सपना ही सही,
बुझा ली दिल की प्यास लेकर तुम्हें अपनी बाहों में।

****

मुझे जाने दो वहां मिलने उसके पास।
जैसे पतंगे लिपटती है धागों के साथ।।

****

जब हम अकेले होते है,तुम में खुद को खोते है

दीवारों से बाते कर करके,आंसू से तकिए भिगोते है।

****

जब अपने दिल के बादशाह की कहानी फिर से पढ़ी
मन में उमड़ा जोरो का शोर और दिल में बेचैनी बढ़ी।

****

हवाओं पर लिखा मैंने ये हसीना! तेरा नाम,
तू उड़ गई आसमां में और मै हो गया बदनाम।

****

सराहना बरकरार है आज भी मगर होशियारी जारी है,
मंजर बदल गया है उनका मगर पहरेदारी अभी भी भारी
है।

****

मोहब्बत वहीं पुरानी थी,
उसकी
अफ़सोस!
उनके महबूब बदलते रहे।

****

हमने नहीं सोचा था कि ऐसे ही ख़तम हो जाएगा,
जिसे भी चाहूंगा दिल ए जान से ज्यादा वहीं दगा दे
जाएगा।

****

नूर तुम्हारे गुलाबी धूप,जुल्फों में छिपी हल्की हवाएं,
महफूज़ रखे खुदा दोनों को,दोनों हमको खूब रमाए।

****

यूं ही ना सपने में आकर तड़पाया करो सनम,
कभी हकीकत से भी वाफ़िक़ कराया करो सनम।

****

ओट बन जाओ दिए की ताकि वो बुझने ना पाए,
सहारा बन जाओ जिंदगी का ताकि दुःख ना आए।

****

जलते दिए,बहती हवाएं,सरकती जुल्फे क्या तुम्हें सब याद
है,
नजाकत वाली वो शाम चिरागों वालों थी,हमें वो शाम याद
है।

****

देखकर चलो,राहों पर पड़े हर पत्थर को;
ना जाने कब,कौन सा पैरों तले आ जाए।

****

हजारों रास्ते है,उसे पाने के,मेरे दोस्त
पर वो आके गले लग जाए,ये जिद है हमारी

****

शाम उतर आयी है दिल में,उनसे मिलन के इस मसले पर
जब हम उनसे मिल लेंगे तो फिर मुझे नींद कैसे आएगी।

****

हम तुम ऐसे ही मिलते रहे तो जमाना जान जाएगा;
फिर ना जाने,हम को क्या क्या नाम दिया जाएगा।

****

सच तो यही है जिंदगी में,जो अनुभव किया है,रिश्ते
निभाते निभाते,
बेवफा वाला प्यार शायर बना देता है,मै सही था ये बात
बताते बताते।

****

होठों पर मुस्कान सजाया,मैं तुम्हारा दीदार करता हूं,
डायरी लिखते वक़्त भी;मै तुम्हारा इकरार करता हूं,

****

हो सके,वापस आ जाना प्रिये!फिर मेरी जिंदगी में;
हर खुशी में भी;मै तुम्हारे हाथ का इंतजार करता हूं।

****

मैंने कब चाहा कि मुझे तेरा प्यार ना मिले,
खता बस इतनी थी कि मैंने इसे अता ना किया।

****

अकेलेपन में मै था उलझा और वो मेरे ख्वाब में आए,
जब हाथ मारा सिरहाने पर तो सोचा ये कैसा ख्वाब था।

****

दुआ करते है,तुम्हारी हिफाज़त के लिए; हर सुबह -शाम,
ताकि जैसी करनी वैसी भरनी,ये कहावत ना जुड़े आपके
नाम।

****

हमें अपनी बात कहने का,जरा मोहलत तो देते तुम,
सत्य कहता हूं,प्रिए!जो कहते हो आज मुझे,वो ना कह पाते
तुम।

****

डर लगता है,ये सोचकर कि कहीं वे ना मिले
तो क्या होगा जिनकी इंतज़ार में मैं जिंदा हूं।

****

हमने उन्हें हर पल याद किया मगर ,
आज तक मुझे हिचकी तक ना आई।

****

हम सोचे थे वो बनेंगे हमसफ़र जिंदगी के,
मगर ये नहीं सोचा था किसी और का।

****

हमारे दिल के खेत कभी बंजर ना होते,
अगर प्रेम के हल तुम्हारे चल रहे होते।

****

कितनी बार कहा उससे,मैं तुमसे प्यार करता हूं;
लेकिन बेहिचक कह दिया उसने सब तो यही कहते हैं।

****

तेरे दीदार के लिए हमने बहा दी आंसुओ की नदी,
अब तो पिघल जाओ,कभी मिलने भी आ जाओ।

****

हमने उनको जिंदगी ए चांद क्या माना।
उन्होंने ग्रहण में ही बना लिया आशियाना।।

****

भरी महफिल में उन्होंने प्यार का तोहफा मांगा,
साहब आशिक़ गरीब था,जिंदगी ही दे बैठा।

****

मिलन की लीक से दूर जाते हुए उनके पर,
शायद उन्हें भी छा रहा है बदनाम होने का डर।

****

बहुत करवटें बदली,रातों को खोते- खोते।
आंखें पथरा गई है, तेरे याद में रोते- रोते।।

****

किस कदर अता करें अपने उद्गार को।
उनसे कैसे साबित करें अपने प्यार को।।

****

उसका पता हाथों की हथेलियों में करता रहा,
मगर वो हमेशा मेरी आंखो ही में छाई रहीं।

****

रात जैसी नदी है,मन भी विह्वल है,
शांतिदूत में भी आज कुछ हलचल है।

****

ज़माने की कातिल निगाहों से लड़ना पड़ता है,
तुमसे मिलने के लिए बहुत कुछ सहना पड़ता है।

****

अपनी नजर से देखो,मेरे आंसू दिख जाएंगे तुम्हें;
दूसरे से अगर हाल पूछोगी मेरा,अच्छा ही बताएंगे तुम्हें।

****

शर्माना, देखना, मिलना और फिर तड़पा देना,
मोहतरमा!ये हुनर है आपके, इन्हें खो ना देना।

****

साथिया तेरे बिन,मेरा हर अंदाज अधूरा है,
दर्द भी बेदर्द हो जाता है अगर साथ पूरा है।

****

संकल्पों की नदियों में साथिया है तेरा हाथ,
मुकम्मल होगी जिंदगी है अगर आपका साथ।

****

कमबख्त जिंदगी से,तुम इतनी खफा क्यों हो सनम,
अब क्या कुछ पल भी तारीफ़ की गुंजाइश न रही।

****

वजह कुछ भी नहीं थी,उनके रूठने की;
बस मुआवजा मांग रहा था,आंख में डुबोने की।

****

चुप है सभी की बात पर हम, मगर आइना उन्हें
दिखलाएंगे,

कितनी भी कोशिशें हो गुमराह करने की मगर मंजिल हम
ही पाएंगे।

****

धड़कने मेरी बेहोश है तुझमें और जिंदगी से शिकायतें है
आप मिल जाइए हकीकत में कल्पनाओं में सियासतें है।

****

लिबास बदल लिया,ख्वाहिशें गुमनाम कर ली,
मगर आंखो से बहे लहू के निशान रह गए।

****

इक दिन हमारी भी सजेगी इश्क़ की कहानी,
जब मै बनूंगा राजा तेरा और तू मेरी रानी।

****

ज़ुल्म तेरा है जो लिए हो खंजर वरना
मै तैरना चाहता हूं मयखानी तेरी नजर में।

****

मचलती नदी में करवटों का मुसाफिर बन गया,
मेरा जरूरत से ज्यादा चाहना भी मुझको भारी पड़ गया।

****

इन आंखों को नीची कर जो अहसान किया,
इश्क़ के आयने में मुझको सरेआम किया।

****

घुला है नशा नदी में उनके पांवों के रंग का,
बात इतनी सी है कि वो नहाए होते तो क्या बीतती।

****

आंखों में सिमटे रहे और एहसासों में दबे रहे तुम हमेशा,
फिर भी तरस गए हम महफ़िल में तेरे एक अल्फाज के
लिए।

****

हवाओं पर लिखा मैंने ये हसीना! तेरा नाम,
तू उड़ गई आसमां में और मै हो गया बदनाम।

****

मेरे नाम को हमेशा वो अलग पहचान देती है,
रूठ जाती है मगर देखती है तो मुस्कान देती है।

****

अगर मुकम्मल हो मोहब्बत उनसे,
इल्ज़ाम सभी सह जाऊंगा।

****

खूबसूरत पन्ने पर तेरे संग खुद को उतारूं,
मन कर रहा है चलो इश्क़ लिखें और उसे निहारूं।

****

ठहर जाए जिंदगी, ऐसा दौर ना आया;
उसकी याद की हिचकियों ने जिंदगी दे दी।

****

खण्ड - एक

दो लाइन अपने प्यार के अनुभव के

भरी महफिल में उन्होंने प्यार का तोहफा मांगा,
साहब आशिक़ गरीब था,जिंदगी ही दे बैठा।

****

मिलन की लीक से दूर जाते हुए उनके पर,
शायद उन्हें भी छा रहा है बदनाम होने का डर।

****

बहुत करवटें बदली,रातों को खोते- खोते।
आंखें पथरा गई है, तेरे याद में रोते- रोते।।

****

किस कदर अता करें अपने उद्गार को।
उनसे कैसे साबित करें अपने प्यार को।।

****

उसका पता हाथों की हथेलियों में करता रहा,
मगर वो हमेशा मेरी आंखो ही में छाई रहीं।

****

ज़माने की कातिल निगाहों से लड़ना पड़ता है,
तुमसे मिलने के लिए बहुत कुछ सहना पड़ता है।

****

अपनी नजर से देखो,मेरे आंसू दिख जाएंगे तुम्हें;
दूसरे से अगर हाल पूछोगी मेरा,अच्छा ही बताएंगे तुम्हें।
शर्माना, देखना, मिलना और फिर तड़पा देना,
मोहतरमा!ये हुनर है आपके, इन्हें खो ना देना।

****

साथिया तेरे बिन,मेरा हर अंदाज अधूरा है,
दर्द भी बेदर्द हो जाता है अगर साथ पूरा है।

****

संकल्पों की नदियों में साथिया है तेरा हाथ,
मुकम्मल होगी जिंदगी है अगर आपका साथ।

****

कमबख्त जिंदगी से,तुम इतनी खफा क्यों हो सनम,
अब क्या कुछ पल भी तारीफ़ की गुंजाइश न रही।

****

वजह कुछ भी नहीं थी,उनके रूठने की;
बस मुआवजा मांग रहा था,आंख में डुबोने की।

****

भरोसा जताया जिन पर वहीं दागदार निकले,

वजह कुछ भी और ना थी,पर जख्म हजार मिले।

****

लिबास बदल लिया,ख्वाहिशें गुमनाम कर ली,
मगर आंखो से बहे लहू के निशान रह गए।

****

इक दिन हमारी भी सजेगी इश्क़ की कहानी,
जब मै बनूंगा राजा तेरा और तू मेरी रानी।

****

ज़ुल्म तेरा है जो लिए हो खंजर वरना
मै तैरना चाहता हूं मयखानी तेरी नजर में।

****

मचलती नदी में करवटों का मुसाफिर बन गया,
मेरा जरूरत से ज्यादा चाहना भी मुझको भारी पड़ गया।

****

इन आंखों को नीची कर जो अहसान किया,
इश्क़ के आयने में मुझको सरेआम किया।

****

घुला है नशा नदी में उनके पांवों के रंग का,
बात इतनी सी है कि वो नहाए होते तो क्या बीतती।

****

आंखों में सिमटे रहे और एहसासों में दबे रहे तुम हमेशा,
फिर भी तरस गए हम महफ़िल में तेरे एक अल्फाज के
लिए।

****

सजदा किया,संभाला भी, जिसे ख़्वाब में भी बसाया।
कैसे खो दूं उस चेहरे, जिसमे जिंदगी रास आया।

****

चलो समेट लें

खामोशियां को नहला दो फागुनी रंग से, इस होली में,
तमन्ना है यही मेरे दोस्त फिर संग घूमे तेरी हमझोली में।

****

हवाओं पर लिखा मैंने ये हसीना! तेरा नाम,
तू उड़ गई आसमां में और मै हो गया बदनाम।

****

आंखो में तुझे लिए घूमता रहा उम्र भर,
बात संभालने की आयी तो मुंह फेर लिया।

****

मेरे नाम को हमेशा वो अलग पहचान देती है,
रूठ जाती है मगर देखती है तो मुस्कान देती है।

****

अगर मुकम्मल हो मोहब्बत उनसे,
इल्ज़ाम सभी सह जाऊंगा।

****

खूबसूरत पन्ने पर तेरे संग खुद को उतारूं,
मन कर रहा है चलो इश्क़ लिखें और उसे निहारूं।

****

ठहर जाए जिंदगी, ऐसा दौर ना आया;
उसकी याद की हिचकियों ने जिंदगी दे दी।

****

रूह की पूंजी लगी थी,रिश्तों के कारोबार में;
रिश्ता ही टूट गया, दूसरों के सरोकार में।

****

अजनबियों ने शिकायते तुम्हारी बहुत की,
मगर बिताया गया वो एक लम्हा उन सब पर भारी रहा।

****

नहीं रोक पाए उसे जो जाने को बेकरार थे,
मांगी बिदा ऐसी जैसी हमारे बीच ऐसे ही करार थे।

****

इश्क़ के बदले इश्क़ की फितरत ना रखिए,जनाब
नशे का एक और जाम मिल जाए तो लोग अक्सर पी ही
जाते है।

****

छोड़ देना अच्छा है बेवजह के संबंध,
वरना लोग करने लगते है स्वार्थ के अनुबंध।

****

बस कैद कर लो तुम मुझे अपनी निगाहों में,
हम बना लेंगे सपनों की तस्वीर अपनी बाहों में।

****

कभी वफा की राह में रोड़े बने थे, गलतफहमी हमारी;
आज भी लफ़्ज़ों से जारी है,उनको मनाने की कोशिश
हमारी।

****

तेरे याद में लिखी सारी चिट्ठियां खो गई,
बेमौसम रिश्तों में बेवफाई के बीज बो गई।

****

इस बसंत में दिन फूलों के बीत रहे है,
और वो प्यार की खेती को खूब सींच रहे है।

****

अकेले छोड़ जाने वाले,तुम क्या जानो हाल हमारा,
तुम्हें कैसे बताए?तेरे बिन हमने जिंदगी कैसे गुजारा।

****

ये शाम हमसे तो कुछ बोल इस अकेलेपन में,

इस दुनिया में इससे तेरा मेरा ताल्लुक तो पुराना है।

****

कैद शब्द की कराह पर नहीं चलती किसी की अर्जियां;
जैसे खुली किताब की तरह है जिंदगी की मनमर्जियां।

****

कितना वक्त चाहिए तुमको आकर मेरा हो जाने में,
बड़ा दर्द सहा है उपहासों का तेरे संग मिल जाने में।

****

तुम रख लो अब तो मेरे दिल को अपनी बाहों में,
शायद तुम्हारे हाथों की नरमी;उसको जान दे जाए।

****

इस दिल का,तेरे बिन क्या करूं,
मन तो तुम्हीं में बसता है।

****

कदमों की रफ्तार लौट आयेगी,गर दिल से सवाल करना,
बिछड़ने से ज़रा पहले, मसला हल सब बवाल का करना।

****

इक ख्वाब की खुशबु में,आज हमने फिर से नहाया;
मुखातिब हुए फूल से और जीवन कांटों को लुटाया।

****

रात की आगोश में हम भी ढह गए,
लेकर सीने में विरह, गम हम सह गए।

****

मुकम्म्मल मोहब्बत में पाई अफसोस के सन्नाटे को गर
बूझो,
पुकारा करेंगे तुम्हें रात दिन बस एक बार खैरियत तो
पूछो।

****

एक चाहत ही थी दहकती आग का दीवाना होने की,
मगर गुंजाइश तनिक ना छोड़ी जीवन में साथ देने की।

****

खट्टी मीठी जिंदगी का ये बड़ा हसीन मेला है,
फैसला टिका है तुम पर वरना जीना अकेला है।

****

ये राज की बात है या किसी बातों का राज है,
हो कुछ भी इस दिल पर बस तुम्हारा ही ताज है।

****

जिंदगी तू ही बता ताल्लुक तेरा किससे है,
मगर कुछ भी हो मेरा वास्ता सिर्फ तुझसे ही है।

****

सिमट गया हूं खुद के बाग में 'युवा'
शायद अब मेरी कली खिल जाए।

****

बेचारा सजाया था सपना उसने बड़े ही सलीके से,
मगर सारी ख्वाहिशें एक एक करके मर गईं।

****

ख़्याल रखा हमने उनकी हर चाहतों का
मगर हुआ क्या? बदले में सिर्फ और सिर्फ बेवफ़ाई हाथ
आयी

****

तुम मिल भी जाओ ना,इतना भी तड़पाओ ना,
मानता हूं,गलती हमारी है,सॉरी!पर अब सताओ ना।

****

चाय पीते वक़्त;फिर आंसू झलके उनके याद में,

और हमने लोगो को इसका कारण जली जीभ बता दिया।

****

बहुत जल्दी में घर से निकलता हूं तुम्हारे दीदार के लिए,
फिर भी तुम्हारे घर पहुंचते पहुंचतेदेर ही हो जाती है।

****

हम भी गए इश्क़ के मयखाने में,फिर भी होश में लौटे,
यहां लोगों को हमने दीदार-ए-हुस्न से ही बेहोश होते देखा
है।

****

कुछ यादें याद भी है तुम्हें,अपनी पहली मुलाक़ात की,
या फिर वैसे जैसे घाव पर राख जम गई हो आग़ की।

****

वादा है खुद से अगर तुम ना मिली इतना दूर चला
जाऊंगा तुझसे,
फिर इंतजार करती रह जाओगी, कभी ना मिल पाऊंगा
तुझसे

****

वो मेरी जिंदगी के मोहब्बत की कहानी में आए बस इतना,
जैसे मेट्रो के दरवाजे खुले ही नहीं की बंद हो हुए जितना।

****

हम दोनों के बीच का पुल जिस दिन अनावरित हो जाएगा,
वादा है ज़माने से,फिर हमारा ही प्यार दौड़ता नज़र
आएगा।

****

ख्वाबों की देखा देखी में,मैंने भी खूब गवाया,
हकीकत से कभी मिला नहीं और अंधेरा ही रास आया।

****

तुम्हारी नज़र में,मै क्या हूं;ये बताओ तो सही,वैसे कुछ
समझ ना आता है,
तुम्हारा इस पर कुछ ना कहना,बस मुस्कुरा देना,और भी
बड़ा ख़्वाब लाता है।

****

जिंदगी से क्या खुशी,जिंदगी से क्या शिकवा,
बस गम के हम है और गम है हमारी हवा।

****

जिंदगी की आधी दूरी में ही बेवफ़ाई कर जाना अच्छा
लगा,
वरना मेरे तो ड्राइविंग लाइसेंस भी रद्द करते ज़माने वाले।

****

हम उनके इंतज़ार में यूं ही एक ही जगह टहलते रहे,
और वो दूसरे के बाहों में खुद को महफ़ूज़ समझती रही।

****

मै ख्वाब में भी था तो क्या हुआ,खुश तो था उसकी बाहों
में
खता पलक झपकने की तो देखो,उससे मुझे दूर का दिया।

****

नए सिरें से शुरू करें हम अपने जीवन की नई कहानी,
मै बन जाऊं तेरे दिल का राजा,तू बन जाए मेरी रानी।

****

इस कद्र की है वफाई ख़ुशबू की,जो फूल से जुदा नहीं
होती,
मगर फूलों की बेवफ़ाई तो देखो,अकसर पेड़ो से कर जाती
है।

****

चलो समेट लें

गुमशुदा कौन है मुझमें जिसे तू तलाशता है,
था मुझमें जो चला गया,अब रास्ता ही रास्ता है।

****

हम जिनके इंतज़ार में किसी और के ना हुए
वही जाकर गैरों से गले मिले।

****

लौट आने वाले थे,दिल के सौदागर,
मगर उन्हें नया सौदा मिल गया।

****

प्यार करती हूं वाली तेरी अदाकारी पर क्या इनाम लुटाए,
जो तुम हमसे कभी जताए नहीं,हम वो क्यों निभाए।

****

वो आए थे,आंसूओं की अहमियत समझाने,
उन्हें क्या पता मेरी आंखे उनमें पीएचडी है।

****

सिसायत हुई प्यार में, फासला बढ़ा,
बुरा था नहीं मै मगर,इल्ज़ाम चढ़ा।

****

मेरा तो इरादा नहीं था कि अब मैं कभी उनसे मिलूंगा,
मगर संयोग ही ऐसा रहा कि सिर्फ वहीं हर मोड़ पर मिले।

****

दिल उसका ऐसा सागर था,
जिसमें हम जैसी नदियां डूबने को तैयार थी।

****

तुम्हारी नज़र में मेरी **औकात** क्या है, ये तो नहीं कुछ
जानता,

बस तुम में जीना चाहता हूं,इससे ज्यादा तुमसे कुछ नहीं
मांगता।

****

मेरे लफ्जों की नदी बहती चली गई,
मगर किसी किनारे संगम ना हुआ।

****

ए जिंदगी तूने हर जगह दिखाया मेरा दम,
मगर बाजी ए इश्क की, मात खा गए हम ।

****

तमन्ना नहीं रही मेरी अब फिर से दर्द सहने की,
ढूंढता रहता हूं मरहम खुद में ही तुझसे दूर रहने की।

****

हमारी नजदीकियों के मायने में बस वही एक चेहरा है,
जिस पर मेरी धड़कन भी फिदा है और आंखो का पहरा है।

****

कुछ तो कमी है मेरी और कुछ पलकों का पहरा है
शायद इसलिए सफेद दीवारों पर अधेरा गहरा है।

****

तुम मिल भी जाओ ना,इतना भी तड़पाओ ना,
मानता हूं,गलती हमारी है,सॉरी!पर अब सताओ ना।

****

चाय पीते वक़्त;फिर आंसू झलके उनके याद में,
और हमने लोगो को इसका कारण जली जीभ बता दिया।

****

हम भी गए इश्क़ के मयखाने में,फिर भी होश में लौटे,
यहां लोगों को हमने दीदार-ए-हुस्न से ही बेहोश होते देखा
है।

चलो समेट लें

****

कुछ यादें याद भी है तुम्हें,अपनी पहली मुलाक़ात की,
या फिर वैसे जैसे घाव पर राख जम गई हो आग़ की।

****

वादा है खुद से अगर तुम ना मिली इतना दूर चला
जाऊंगा तुझसे,
फिर इंतजार करती रह जाओगी, कभी ना मिल पाऊंगा
तुझसे

****

उम्मीद रखकर थोड़ा थोड़ा सहेजोगे प्यार,जिंदगी में अजूबा
हो जाएगा,
ध्यान रहें,मुंडेरों पर बैठकर पहरेदारी करने से फूल मोहब्बत
का नहीं खिलता।

****

शैतानी अदा से तेरे,दिल मेरा आबाद है
लोग कहते है इश्क़ मेंतू बहुत बर्बाद है।

****

बुलाऊंगा मिलने के बहाने तुझे, चाय पर
निकुलूंगा तेरे घर के सामने से बस तू हाय कर।

****

झलकती है नादानियां तेरी हर बदतमीजी में
जा बेवफ़ा! तुझे इस दफा फिर माफ किया।

****

गहरे रिश्ते दिल के सरहद पर बुलंदियां लाती है,
खाली पड़ी दिल की दीवारें हमको मंजूर नहीं।

****

रिश्ता जोड़ लिया उसने अंगूठी पहनाकर

हम रूह से रूह के मिलन की मांग करते रह गए।

****

निगाहें उसकी बड़ी मासूम है,
वो खुद मुस्कुराकर दिल बहला देती है मेरा।

****

दिल में थी आग औरनिकलती रही आह!!!
किसी ने भी न बुझाईऔर सभी ने की वाह!

****

मुस्कुराहट उनकी देखकर मन अटक सा जाता है निगाहों
पर,
और निगाहें उनकी मासूम होने का बयान करती है।

****

ख्याल भले बेवफाई का रखना मगर
ज़ख़्म देकर मत पूछना दर्द कितना गहरा है।

****

सुखन मिला बहुत दिनों के बाद
उसे अकेला देख मेरे इंतज़ार में।

****

यूं इंतजार करती रहती है मेरी दिल की प्रिया,
मेरा अधिकार उसनेकभी किसी को ना दिया।

****

खैर वो मेरी है इसी अहसास में मस्त रहता हूं
उसके बाहों में सोने के ख़्वाब बुनता रहता हूं।

****

बसा लिया है तुम्हें मैंन इस दिल के भूखंड पर,
तुम भी आंखे बंद करकेइस पर प्यार का हल चला दो।

****

मुस्कुराकर दिल को फसाए जाते है
बस मोहब्बत एकतरफा निभाए जाते है।

****

रीझना,रूठना,मनाना ये इश्क़ के उतार चढ़ाव है,
मेरे मनाने से तुम मान जाओ यही तो लगाव है।

****

क्या कहे ये जिंदगी तुमसे
हमने वहीं चाहा है
जो इनकार किया देने से तुमने....

****

लोग रहते हैं तन्हा मगर मुस्कुराते हैं ढेर,
ये वो अपने ही हैं जो अपनों से निभाते हैं बैर।

****

माहिर था मैं हिसाब करने में मगर
बेवफाई का उनके हिसाब न कर पाया।

****

नसें काट लिया करते थे हम जिनकी याद में
मिलें आज वो महफ़िल में किसी गैर से, हमको अनदेखा
करके।

****

आ गई रौनक मेरी दिल में फिर एक बार
उसके हाथ में अपने नाम की मेहंदी देखकर।

****

चढ़ गई नशा तेरे आंख की
और हमने ख़्वाब देखना छोड़ दिया।

****

कैसे संभालूं हर दम तुम्हें

मुझे संभालने तू भी तो कभी आ जा।

****

रिश्ते निभाते निभाते हम हो गए खामोश
उन्हें लगा लड़का बेवफ़ा है।

****

परवाह, खूबियां और नफ़रत लफ़्ज़ों से क्यों बयां करूं?
जब आंखे ही खामोश हो जाती है तुम्हें देखकर।

****

खुद को पा लिया खुद का होकर
अब किसी गैर की चाहत नहीं रही।

****

तेरे इश्क़ में सरकार बना दूंगा
गर मुझे तेरे आंखे का बहुमत मिल जाए।

****

ये इश्क़ है जो आज भी निहारती है खिड़कियों से,
बेवफ़ाई का इल्जाम देकर, दरवाजे बंद करने के बाद।

****

अनावरित होता रहा दिल उसका
मै सब सह गया, इंतज़ार का होकर।

****

मुकम्मल करना चाह रही थी इश्क़ किसी गैर को,
हमने भी लूटा दिया उनका हाथ, वक़्त का होकर।

****

दूध की चाय बहुत अच्छी लगती है हमें
मगर तेरे इश्क़ में
तुम्हारे हाथ की काली चाय भी शौक से पीता हूं।

****

रहता हूं मदहोश तुम्हारी आंखों में
मगर लोग कहते है मै नशा करता है

****

पलकों से मुस्कुराने की तेरी ये आदत है कातिलाना
दीवारें दिल की लहर मारकर चाहती है तुम्हें बसाना।

****

लगाव दिल का है तो गुलाब क्या दूं
दिल ही ले लो,
इससे ज्यादा ख़्वाब क्या दूं।

****

मायूस होकर सिखलाया था जिंदगी को उसने
अब उसके दिल में मेरी कोई इबादत न रही

****

खेल खेल में खो दिया आज उसने, हमसे रिश्तेदारी,
जैसे परिंदे का पर तोड़ दिया हो कोई शिकारी।

****

उसने कहा इश्क़ की परिभाषा लिखो
मैंने उसका ही नाम लिख दिया।

****

शाम धीरे धीरे गुज़र ही जाएगी
मगर रात का गुजरना बहुत भारी है।

****

बेखबर अंदाज है तुम्हारा, फिर भी बार बार गुहार रहा मन,
पीता हूं जाम तुम्हें भूल जाने को, फिर भी तेरी ही तड़प में
कहार रहा मन।

****

चांदनी रात में उनके दीदार के कायल थे हम

जैसे चहकते उनके पैरों के पायल थे हम।

****

मेरे इंतज़ार की दास्तां बहती रही आंसुओ से
और उनकी आंखो की सिसायत ने उसे रोग माना।

****

तोहफ़े में दूंगा तुम्हें अपनी डायरी
जिससे समझो खुद को, पढ़ मेरी शायरी।

****

मुश्किलें बहुत सह ली तुम्हारे प्यार में
बस इंतज़ार मुकम्मल हो जाए यही दुआ करता हूं।

****

बेखबर हूं तेरी आंखो की इस गहराई से,
तकदीर ने मारा, बेवफाई का दाग देकर।

****

छिपा दूंगा खुद को तेरे आंचल में,
शर्त ये है पहले प्यार के लिए बदनाम तो कर।

****

लिए मन में एक आस, कर तुम पर विश्वास
प्यार की राह पर आगे बढ गए और क्या से क्या हो गए।

****

देकर गुलाब इश्क़ का पिला दिया है तुमने जाम
बेहोश होकर नूर में लेता रहता हूं तेरा नाम।

****

किताबें इश्क़ की पढ़ने का क्या फायदा,
जब मुकम्मल करने का ना कर पाओ वायदा।

****

क्या क्या दर्द लिखूं, क्या क्या सह जाऊं

चलो समेट लें

अच्छा है आंखो से सह लूं और आंसू पी जाऊं।

****

लटकते रहे हम, प्यार में उनके
वो पहनते रहे दूसरों के झुमके।

****

मेरी जिंदगी की अजब कहानी है,
आंखो में आंसू होंठो पर मुस्कान की रवानी है।

****

जिनको दी जिंदगी हमने,वहीं हमारी गर्दन पर वार करते
है,
पर मेरी खुद्दारी तो देखो, अभी भी हम उनसे प्यार करते
है।

****

बात पहुंचती नहीं मगर मेरा प्रयास जारी है,
प्यार करो या ना करो मगर मेरी हर सांस तुम्हारी है।

****

दहकते रहे आग के सोले मन के बसेरों में,
जला दिया खुद को तेरे इश्क़ का होकर।

****

बात पहुंचती नहीं मेरी मगर प्रयास जारी है,
ख्यालात उनके मिलते नहीं हमसे मगर चढ़ा इश्क़ का
खुमार भारी है।

****

चुस्कियां लेने का मजा ही कुछ और है,
चाय मिले गर उनके हाथों से।

****

पहले झिझकन फिर इश्क़ और अब दर्द।

इस जिंदगी कैसे ठहराए क्या सही क्या ग़लत।

****

प्यार का प्यासा हूं कोई प्यास बुझाता क्यों नहीं,
लगता है बंजर है दिल हमारा,सो कोई आता नहीं।

****

अक्सर भिगोते थे तकिए तुम्हारी याद की राहों में, आज
सपना ही सही,
बुझा ली दिल की प्यास लेकर तुम्हें अपनी बाहों में।

****

मुझे जाने दो वहां मिलने उसके पास।
जैसे पतंगे लिपटती है धागों के साथ।।

****

जब हम अकेले होते है,तुम में खुद को खोते है
दीवारों से बाते कर करके,आंसू से तकिए भिगोते है।

****

जब अपने दिल के बादशाह की कहानी फिर से पढ़ी
मन में उमड़ा जोरो का शोर और दिल में बेचैनी बढ़ी।

****

हवाओं पर लिखा मैंने ये हसीना! तेरा नाम,
तू उड़ गई आसमां में और मै हो गया बदनाम।

****

सराहना बरकरार है आज भी मगर होशियारी जारी है,
मंजर बदल गया है उनका मगर पहरेदारी अभी भी भारी
है।

****

मोहब्बत वहीं पुरानी थी,
उसकी

अफ़सोस!
उनके महबूब बदलते रहे।

****

हमने नहीं सोचा था कि ऐसे ही ख़तम हो जाएगा,
जिसे भी चाहूंगा दिल ए जान से ज्यादा वहीं दगा दे
जाएगा।

****

नूर तुम्हारे गुलाबी धूप,जुल्फों में छिपी हल्की हवाएं,
महफ़ूज़ रखे खुदा दोनों को,दोनों हमको खूब रमाए।

****

यूं ही ना सपने में आकर तड़पाया करो सनम,
कभी हकीकत से भी वाफिक़ कराया करो सनम।

****

ओट बन जाओ दिए की ताकि वो बुझने ना पाए,
सहारा बन जाओ जिंदगी का ताकि दुःख ना आए।

****

जलते दिए,बहती हवाएं,सरकती जुल्फे क्या तुम्हें सब याद
है,
नजाकत वाली वो शाम चिरागों वालों थी,हमें वो शाम याद
है।

****

देखकर चलो,राहों पर पड़े हर पत्थर को;
ना जाने कब,कौन सा पैरों तले आ जाए।

****

हजारों रास्ते है,उसे पाने के,मेरे दोस्त
पर वो आके गले लग जाए,ये जिद है हमारी

****

शाम उतर आयी है दिल में,उनसे मिलन के इस मसले पर
जब हम उनसे मिल लेंगे तो फिर मुझे नींद कैसे आएगी।

****

हम तुम ऐसे ही मिलते रहे तो जमाना जान जाएगा;
फिर ना जाने,हम को क्या क्या नाम दिया जाएगा।

****

सच तो यही है जिंदगी में,जो अनुभव किया है,रिश्ते
निभाते निभाते,
बेवफा वाला प्यार शायर बना देता है,मै सही था ये बात
बताते बताते।

****

होठों पर मुस्कान सजाया,मैं तुम्हारा दीदार करता हूं,
डायरी लिखते वक़्त भी;मै तुम्हारा इकरार करता हूं,

****

हो सके,वापस आ जाना प्रिये!फिर मेरी जिंदगी में;
हर खुशी में भी;मै तुम्हारे हाथ का इंतजार करता हूं।

****

मैंने कब चाहा कि मुझे तेरा प्यार ना मिले,
खता बस इतनी थी कि मैंने इसे अता ना किया।

****

अकेलेपन में मै था उलझा और वो मेरे ख्वाब में आए,
जब हाथ मारा सिरहाने पर तो सोचा ये कैसा ख्वाब था।

****

दुआ करते है,तुम्हारी हिफाज़त के लिए; हर सुबह -शाम,
ताकि जैसी करनी वैसी भरनी,ये कहावत ना जुड़े आपके
नाम।

****

चलो समेट लें

हमें अपनी बात कहने का,जरा मोहलत तो देते तुम,
सत्य कहता हूं,प्रिए!जो कहते हो आज मुझे,वो ना कह पाते
तुम।

****

डर लगता है,ये सोचकर कि कहीं वे ना मिले
तो क्या होगा जिनकी इंतज़ार में मैं जिंदा हूं।

****

हमने उन्हें हर पल याद किया मगर ,
आज तक मुझे हिचकी तक ना आई।

****

हम सोचे थे वो बनेंगे हमसफ़र जिंदगी के,
मगर ये नहीं सोचा था किसी और का।

****

हमारे दिल के खेत कभी बंजर ना होते,
अगर प्रेम के हल तुम्हारे चल रहे होते।

****

कितनी बार कहा उससे,मैं तुमसे प्यार करता हूं;
लेकिन बेहिचक कह दिया उसने सब तो यही कहते हैं।

****

तेरे दीदार के लिए हमने बहा दी आंसुओ की नदी,
अब तो पिघल जाओ,कभी मिलने भी आ जाओ।

****

हमने उनको जिंदगी ए चांद क्या माना।
उन्होंने ग्रहण में ही बना लिया आशियाना।।

****

भरी महफिल में उन्होंने प्यार का तोहफा मांगा,
साहब आशिक़ गरीब था,जिंदगी ही दे बैठा।

****

मिलन की लीक से दूर जाते हुए उनके पर,
शायद उन्हें भी छा रहा है बदनाम होने का डर।

****

बहुत करवटें बदली,रातों को खोते- खोते।
आंखें पथरा गई है, तेरे याद में रोते- रोते।।

****

किस कदर अता करें अपने उद्गार को।
उनसे कैसे साबित करें अपने प्यार को।।

****

उसका पता हाथों की हथेलियों में करता रहा,
मगर वो हमेशा मेरी आंखो ही में छाई रहीं।

****

रात जैसी नदी है,मन भी विह्वल है,
शांतिदूत में भी आज कुछ हलचल है।

****

ज़माने की कातिल निगाहों से लड़ना पड़ता है,
तुमसे मिलने के लिए बहुत कुछ सहना पड़ता है।

****

अपनी नजर से देखो,मेरे आंसू दिख जाएंगे तुम्हें;
दूसरे से अगर हाल पूछोगी मेरा,अच्छा ही बताएंगे तुम्हें।

****

शर्माना, देखना, मिलना और फिर तड़पा देना,
मोहतरमा!ये हुनर है आपके, इन्हें खो ना देना।

****

साथिया तेरे बिन,मेरा हर अंदाज अधूरा है,
दर्द भी बेदर्द हो जाता है अगर साथ पूरा है।

चलो समेट लें

****

संकल्पों की नदियों में साथिया है तेरा हाथ,
मुकम्मल होगी जिंदगी है अगर आपका साथ।

****

कमबख्त जिंदगी से,तुम इतनी खफा क्यों हो सनम,
अब क्या कुछ पल भी तारीफ़ की गुंजाइश न रही।

****

वजह कुछ भी नहीं थी,उनके रूठने की;
बस मुआवजा मांग रहा था,आंख में डुबोने की।

****

चुप है सभी की बात पर हम, मगर आइना उन्हें
दिखलाएंगे,
कितनी भी कोशिशें हो गुमराह करने की मगर मंजिल हम
ही पाएंगे।

****

धड़कने मेरी बेहोश है तुझमें और जिंदगी से शिकायतें है
आप मिल जाइए हकीकत में कल्पनाओं में सियासतें है।

****

लिबास बदल लिया,ख्वाहिशें गुमनाम कर ली,
मगर आंखो से बहे लहू के निशान रह गए।

****

इक दिन हमारी भी सजेगी इश्क़ की कहानी,
जब मै बनूंगा राजा तेरा और तू मेरी रानी।

****

ज़ुल्म तेरा है जो लिए हो खंजर वरना
मै तैरना चाहता हूं मयखानी तेरी नजर में।

****

मचलती नदी में करवटों का मुसाफिर बन गया,
मेरा जरूरत से ज्यादा चाहना भी मुझको भारी पड़ गया।

****

इन आंखों को नीची कर जो अहसान किया,
इश्क़ के आयने में मुझको सरेआम किया।

****

घुला है नशा नदी में उनके पांवों के रंग का,
बात इतनी सी है कि वो नहाए होते तो क्या बीतती।

****

आंखों में सिमटे रहे और एहसासों में दबे रहे तुम हमेशा,
फिर भी तरस गए हम महफ़िल में तेरे एक अल्फाज के
लिए।

****

हवाओं पर लिखा मैंने ये हसीना! तेरा नाम,
तू उड़ गई आसमां में और मै हो गया बदनाम।

****

मेरे नाम को हमेशा वो अलग पहचान देती है,
रूठ जाती है मगर देखती है तो मुस्कान देती है।

****

अगर मुकम्मल हो मोहब्बत उनसे,
इल्ज़ाम सभी सह जाऊंगा।

****

खूबसूरत पन्ने पर तेरे संग खुद को उतारूं,
मन कर रहा है चलो इश्क़ लिखें और उसे निहारूं।

****

ठहर जाए जिंदगी, ऐसा दौर ना आया;
उसकी याद की हिचकियों ने जिंदगी दे दी।

चलो समेट लें

****

3. (खंड-ख)

22. खुला घर तन्हाई से भर गया है
23. अब किस बात का झगड़ा
24. मुस्कराहट भरे चेहरे में झुकी
25. ख्वाहिशें थी दोस्तों संग
26. रिश्तों की दीवार पर विश्वास
27. प्यार की धुन बजती है रूह
28. खुला घर तन्हाई से भर
29. अब किस बात का झगड़ा जी और
30. रश्क ए कमर जैसी नूर पर
31. तुम्हें ही बसाया है मैंने
32. झूठ को सच कह दो,
33. बिना पेड़ लगाए भी देखभाल
34. सोचा था तुम्हें तलाश करूंगा
35. सीरत पर भी नजर
36. महसूस है मोहब्बत में मिले
37. मिल ना सके हमारी कश्तियों को
38. पलट कर देख लेते गर बिछड़ा
39. बंट गए हैं ढेर सारे तेरे गुमशुदा
40. दिल का दर्द झेलूं या दवा
41. बीमारी जाहिर है कई
42. कौन समझे मेरी वफाई
43. यकीन तो नहीं हो रहा है
44. ख्वाब की बंद पड़ी खिड़कियां
45. नाव है मझधार में,
46. आकर्षण,चाहत,रूठना,मनाना
47. वादा रहा ये जिंदगी तेरे किताब
48. इश्क़ में उलझी है जिंदगी

4. कुछ बयान शायरी के नाम

शाम तुम्हारे साथ गुजारूं

रात तुम्हारे साथ गुजारूं,

यही है प्रार्थना मेरी उस रब से;

जीवन का हर पल तेरे संग गुजारूं।

****

तुमको क्या चाहिए, मै बेखबर है तुझसे;

तेरी हर रातों से,तेरी हर चाहत से,

तेरी अमानत से,तेरी खयालातों से,

तेरे जज्बातों से,तेरी हर बांतो से।

****

इन आंखों में वो दर्द झलकता है,

प्यार करना अब गलती सा लगता है,

ऐसा मैंने क्या गुनाह किया,मेरे भगवान!

जो उसकी याद में हर दम आंसू निकलता है।

****

भूल जाऊं तुम्हें ये मुमकिन नहीं,चाहे जमाना जो भी चाहे,

रहूंगा सदा तुम पर ही फ़िदा,चाहे जमाना जो भी चाहे,

किया छुपकर और डरकर इश्क़,तो वो इश्क़ ही क्या है

सब झेल जाऊंगा तुम्हारी खातिर,चाहे जमाना जो भी चाहे।

****

मै दिल के सारे दर्द यूं ही हसकर सह जाता हूं,
मै अपने हर आंसू को मुस्कान से छिपाता जाता हूं,
कहते हुए डर लगता है,इस जमाने से "युवा" सो
मै उनकी हर गुस्ताखी को नजरंदाज करता जाता हूं

****

तोड़ा सबने साथ मगर,फिर भी वो साथ है,
खिलाफ है सब मगर,फिर भी वो साथ है,
समझता हूं जिगर का टुकड़ा उसे क्योंकि
मै उसके साथ हूं और वो भी मेरे साथ है।

****

है सच्चा प्रेम तो जरूर मिल जाएगा,
चाहत है दिल से तो जरूर मिल जाएगा।
अगर जज़्बात गहराई से भरे हो तो,
है हमारा प्रेम आपके दिल में जरूर खिल जाएगा।

****

सब चले गए मयखाने,
अपने बेवफा को भुलाने के लिए,
हमने उन्हें हर लफ्जों में याद कर कर
हिचकी से ही घायल कर दिया।

****

तुमने हमसे इश्क क्यों नहीं किया?
क्या मांगा तुमने जो हमने नहीं दिया?
तुमने कहा छोड़ दो जमाने को, मेरे साथ चलो
फिर भी कुछ दूर चलकर मेरा हाथ क्यों छोड़ दिया।

****

अब मेरे सारे सवालों का जवाब दीजिए,
मेरे इश्क़ के बदले,इश्क का उपहार दीजिए,

कसम खाइए खुदा की,अब ऐसा ना करेंगे,
जिंदगी तुमसे है तुम्हारे ही संग जिएंगे।

****

खामोशी की नफरत तोड़कर गोद में आ जाए,
इबादत करूं खुदा से तो स्वीकार हो जाए,
कर करिश्मा कुछ ऐसा मेरे महबूब में
जलाए चिराग वो अपने घर,रोशन मेरा घर हो जाए।

****

मेरे तन मंदिर का दिल बंद बंद सा है,
लगता है जिंदगी से प्यार ख़तम होने का है।
मगर कोशिशें फिर भी जारी है,
मालूम है मुठ्ठी में रेत पकड़ना भारी है।

****

दिल जला कर रौंदते हो, सब्र को मेरे
और आंखो से कातिलाना वार करते हो
सलीका कहा से सीखा है,वृक्ष को खोखला करने का
लहराते हो झंडा नजरअंदाज का,मगर प्यार करते हो।

****

बहुत भीगी है आंखे,बहुत टूटे है सपने
फिर भी मुस्कान होठों पर छाई है।
और इस बगावत भरी है जिंदगी में
गैर अपने है और अपनों से रुसवाई है।

****

चांद फिर से आंखो में उतर आओ,
समंदर सा मेरे दिल में बस जाओ,
हमदर्दी के सिक्के चलने शुरू हो जाए,
और प्रिय वह प्यार के गीत मुझे सुनाओ।

****

सजदा किया,संभाला भी,
जिसे ख़्वाब में भी बसाया।
कैसे खो दूं उस चेहरे,
जिसमे जिंदगी रास आया।

****

रंगीन लम्हें बेरंग हुए ऐंठन सब तोड़ दी,
एक जरा से आंसू ने मंजिल मेरी मोड़ दी।
बने हम भी भीष्म और उठाया गांडीव,
छोड़ फ़िज़ूल की बातें हथकड़ियां तोड़ दी।

****

तेरी मेरी उलझी डोर ऐसे सुलझी
कि तेरे हाथो से मेरे गाल रंग गई,
मै तेरे स्पर्श से नशे में डूबा;
हल्ला हो गई कि भंगिया चढ़ गई।

****

मुस्कराहट भरे चेहरे में झुकी पलकें सब निहारे,
तेरी हर अदा पर फिदा होने को कहारें,
हूं नहीं नादान जो चढ़ा है नशा मुझे तेरे हुस्न ए दीदार का
यहां तो तुझे सपने में देखने खातिर खुद को सवारें।

****

रिश्तों की दीवार पर विश्वास का मरहम लगाओ,
सहकर जिंदगी के हर दर्द मगर वादा निभाओ,
रहे ज्ञात कि जमाने में नमक की कमी नहीं है;
मानना है मेरा हर किसी को घाव ना दिखाओ।

****

प्यार की धुन बजती है रूह के मेल से,

दीपक जलता है रूई तेल के मेल से,
रहती है वो हर वक़्त मुझ पर फिदा;
जैसे चीनी घुल जाती पानी के मेल से।

****

खुला घर तन्हाई से भर गया है,
मानो पत्ता पेड़ का सब झर गया है,
परेशान हूं क्योंकि ज़ख्म भरते नहीं;
लगता है नदी से पानी उतर गया है।

****

अब किस बात का झगड़ा जी और क्यों रुसवाई,
जब तेरा मेरा प्यार बसंत ऋतु कहलाई।
रोए "युवा" घर पर, मिलन के दर्द से,
और आज आंखो पर आंसू विरह की है छाई।

****

मुस्कराहट भरे चेहरे में झुकी पलकें सब निहारे,
तेरी हर अदा पर फिदा होने को कहारें,
हूं नहीं नादान जो चढ़ा है नशा मुझे तेरे हुस्न ए दीदार का
यहां तो तुझे सपने में देखने खातिर खुद को सवारें।

****

ख्वाहिशें थी दोस्तों संग जिंदगी गुजारने की,
बनकर मां के दीवाने जन्नत पाने की,
मगर बोझ पड़ा परिवार की जिम्मेदारियों का;
कर हसरतें धूमिल परदेश जाना पड़ा।

****

रिश्तों की दीवार पर विश्वास का मरहम लगाओ,
सहकर जिंदगी के हर दर्द मगर वादा निभाओ,
रहे ज्ञात कि जमाने में नमक की कमी नहीं है;

मानना है मेरा हर किसी को घाव ना दिखाओ।

****

प्यार की धुन बजती है रूह के मेल से,
दीपक जलता है रूई तेल के मेल से,
रहती है वो हर वक़्त मुझ पर फिदा;
जैसे चीनी घुल जाती पानी के मेल से।

****

खुला घर तन्हाई से भर गया है,
मानो पत्ता पेड़ का सब झर गया है,
परेशान हूं क्योंकि ज़ख्म भरते नहीं;
लगता है नदी से पानी उतर गया है।

****

अब किस बात का झगड़ा जी और क्यों रुसवाई,
जब तेरा मेरा प्यार बसंत ऋतु कहलाई।
रोए "युवा" घर पर, मिलन के दर्द से,
और आज आंखो पर आंसू विरह की है छाई।

****

रश्क ए कमर जैसी नूर पर नजर टिकी है,
यही बात जमाने को बहुत खटकी है,
पर ये वादा है तुमसे मेरा ये नुर ए जहां;
हमारी रूह तुमसे कभी ना अलग हो सकी है।

****

तुम्हें ही बसाया है मैंने जीवन के हर एक सांस में,
तुझे रखा भी है मैंने अपनी आशा और विश्वास में,
"युवा" कब तक जागे तेरे दीदार के प्यास में;
इच्छा है तुम्हारी क्या, मर जाऊ तेरे तलाश में।

****

झूठ को सच कह दो,चलो अच्छा है,
धोखे को गलती कह दो,चलो अच्छा है,
पर याद रखना अब हर बात मानूंगा नहीं;
बेवफा भी कहना है, कह लो,चलो अच्छा है।

****

बिना पेड़ लगाए भी देखभाल किया जा सकता है,
सवालों का बहाने से हालचाल लिया जा सकता है,
क्या तुमको इतनी भी फुर्सत नहीं,रुखसत होने की;
बिना हालचाल लिए भी हालचाल दिया जा सकता है।

****

सोचा था तुम्हें तलाश करूंगा सपने में,
यार मजे की बात तो देखो,
काम और थकान इतना था कि
नींद आयी और सुबह हो गई.....

****

सीरत पर भी नजर रहे,
सूरत पर भी नजर रहे,
बस खुदा से यही दुआ है
मै उसका रहूं,वो मेरी रहें

****

महसूस है मोहब्बत में मिले जमाने का दर्द,
जिसे लिए मै वर्षों से हर पल झेल रहा हूं।
अगर मिलता हूं सपनों में कभी उससे,
जमाना कहता है, नींद उसकी तोड़ रहा हूं।

****

मिल ना सके हमारी कश्तियों को पार लगाने वाले,
पूरे ना कर सके बेवफ़ाई की चाहत में प्यार निभाने वाले,

चलो समेट लें

एक भी बार हलचल नहीं किया गुरूर के तालाब में;
हरकत इस हुनर का कर गए सलाम, सच का पाठ पढ़ाने
वाले।

****

पलट कर देख लेते गर बिछड़ा प्यार हम पा लेते ,
सूखी और बंजर जमीं प्यार का उपवन सजा लेते,
एहसास तुम्हारे ख्याल का आज भी रोज आता है;
तुम्हें भी आ जाए तो आंसुओ को मोती बना लेते।

****

बंट गए हैं ढेर सारे तेरे गुमशुदा की चिट्ठियां मगर मेरी
तलाश जारी है,
तुझे पाने की है हसरत चांदनी रात में मगर अंधेरे का
ख़्वाब जारी है,
फैसला अब निगाहों पर ठहरा हुआ है तुझसे मिलने का;
बाहर से तेरे घर की सफेदी हो गई है मगर अब मेरी यादों
पर सफ़ाई जारी है।

****

दिल का दर्द झेलूं या दवा की तलाश करूं,
उसूलों से समझौता या विकल्पों को खोज करूं,
इस संशय की दो किनारों पर है जिंदगी "युवा"
इस आइने पर जी लूं या इसी से समाप्त करूं।

****

बीमारी जाहिर है कई वर्षों से मेरी,
फिर भी हालत पूछते रहते है लोग।
मालूम है नहीं है मुमकिन अब जीना,
फिर भी दर्द कैसे सहते रहते है लोग।

****

कौन समझे मेरी वफाई की पहेलियां,
कौन समझे,मेरी जुदाई की अठखेलियां,
कौन हो,जो तुम कहते हो किसी को बेवफा;
जरा जाके वफाई साबित तो करो नवदुलहनिया।

****

यकीन तो नहीं हो रहा है
तेरी इस हरकत पर,
मगर वास्तविकता यही है
मेरा इंतजार जाया गया।

****

ख्वाब की बंद पड़ी खिड़कियां खुल गईं,
प्यार में आयी बेवफ़ाई वफाई में बदल गईं,
लेकिन आज प्रभु की कृपा ऐसी हुई,
कि वो आकर हमसे फिर मिल गई।

****

नाव है मझधार में,तेरे प्यार की,
हृदय है अचेत में, तेरे यार की,
कोई मेरे प्यार को ही गुनहगार ना बता दे;
जरूरत है इस दर्द में,खुदा ए तेरे इकरार की।

****

आकर्षण,चाहत,रूठना,मनाना या फिर मुझको ही छोड़ देना,
ये गुब्बारे सा दिल रखना,खेलना या फिर उड़ाकर छोड़
देना,
मगर याद रहे,याद दिलाते रहेंगे जरूर;चाहे हिचकियों में ही
छिपाना,चिल्लाना,भूलना,या फिर सपने देखना ही छोड़
देना।

****

वादा रहा ये जिंदगी तेरे किताब से,
पढ़ूंगा हर पाठ तेरा अपने हिसाब से,
तुम्हें दिखला दूंगा अपने मेहनत का रंग,
कैसे जिंदगी और किस्मत में होती है जंग।

****

इश्क़ में उलझी है जिंदगी
जो सुलझ नहीं रही है।
तस्वीर हकीकत में कुछ और है
जो दिख नहीं रही है।

****

अपने दिल से मै तुम्हें पैगाम करता हूं,
मिले ढेर सारा प्यार ऐसा आह्वान करता हूं,
तूने दिया दगा हमें पर कोई बात नहीं;
पर ना मिले दगा तुम्हें, दुआ हर शाम करता हूं।

****

महफ़िल में गुफ्तगू की मांग,
पर बना गए मुंह विचित्र,
जो मन की चारदीवारी में कैद किए थे,
मेरा अल्हड़ - सा चित्र।

****

खुली आंखों से हमने ख्वाब देखे तुम्हारे,
मगर तुम आंख चुराती रही,
दिल हमारा धड़कनों से शोर करता रहा
मगर तुम दूसरों को गले लगाती रही।

****

मुस्कुराता,बस वही एक चेहरा है,
जिसने पूरी रात मुझे घेरा है,

सुबह उठा तो मालूम हुआ;
उसके बिना जीना ही अधूरा है।

****

नजर भर देख ले मुझको,
अक्स पूरे हो जाएंगे;
वरना अधूरा है मेरा सब कुछ,
जिसका इल्ज़ाम तुम्हीं पे लगाएंगे।

****

अकेलेपन में ही गुजारना है खुद को,
बनकर फूल महकाना है खुद को,
अब नाहिं है गिला नाहिं है शिकायत
जब जिंदगी में साथ निभाना है खुद को।

****

हैरान हूं,
सोचकर ये
मासूम दिखने वाले लोग
ज़ख्म कैसे गहरे दे देते है।

****

गिले शिकवे मिटाकर,
आओ गले लग जाओ
बहुत बिताई अकेले की जिंदगी,
अब और ना सताओ।

****

हमें सब मालूम है,
तुम क्या कहते हो मेरे बारे में,
शिकायत करते हो हमारी हर मोड़
और लगता है तुम्हे हमें खबर नहीं।

चलो समेट लें

****

यकीन तो नहीं हो रहा है
तेरी इस हरकत पर,
मगर वास्तविकता यही है
मेरा इंतजार जाया गया।

****

ख्वाब की बंद पड़ी खिड़कियां खुल गई,
प्यार में आयी बेवफ़ाई वफाई में बदल गई,
लेकिन आज प्रभु की कृपा ऐसी हुई,
कि वो आकर हमसे फिर मिल गई।

****

नाव है मझधार में,तेरे प्यार की,
हृदय है अचेत में, तेरे यार की,
कोई मेरे प्यार को ही गुनहगार ना बता दे;
जरूरत है इस दर्द में,खुदा ए तेरे इकरार की।

****

बहुत जल्दी में घर से निकलता हूं
तुम्हारे दीदार के लिए,
फिर भी तुम्हारे घर पहुंचते पहुंचते
देर ही हो जाती है

****

सबकी अपनी अपनी दुनिया,सबकी अपनी अपनी ख्वाहिशें,
इस विश्व धरा पर सब करते,सबकी अपनी अपनी
फरमाइशे,
कुछ की होती है पूरी,कुछ की रहती है अधूरी,मगर
सबकी अपनी अपनी मेहनत,सबकी अपनी-अपनी पैमाइशें।

****

किसी ने पूछा
क्या कमी है तुम्हें?
हमने भी कह दिया हंसकर
मै शून्य हूं मुझे जरूरत है किसी एक की।

****

मेरे दिल पर सारा अधिकार तुम्हारा है,
तुम संग मै डूबा पर पतवार तुम्हरा है,
ना रखना तुम करवाचौथ व्रत प्रिए;
ये जीवन का हर पल उधार तुम्हारा है।

****

मासूम दिल और भी मासूम हो गया
नशे इश्क़ का जब मै जाम पी गया।
छलका आंसू हृदय की गहराइयों से
कुछ सूख गया और कुछ रह गया।

****

रखे थे गुलाब जो हमने कल उनकी किताब में
आज वो वापस मिले मेरी ही किताब में।
चलो पता चला उनको कि ये इश्क़ किसका है
वरना वो वापस ना रखते मेरी किताब में।

****

अश्क से दोस्ती कर ली है मैंने
मगर तेरा इंतज़ार नहीं छोड़ा।
हसीन पल के इंतजार में मैंने
किसी और से अपना हाथ नहीं जोड़ा।

****

बेरुखी तेरी
सजा लिया हमने अपने दिल पर,

तुम कहती हो -
प्यार तुम क्या जानो?

****

तेरे इश्क़ का कोहरा
मेरी धडकनों पर छाया है।
मेरे दिल की गली को
तेरा रूप भाया है।

****

बेवफ़ा का मुझ पर
इल्ज़ाम लगा दिया उन्होंने,
अगर मजबूरियां गिनाकर
अलग होते तो अच्छा होता।

****

रोकर भी अपने बेवफा प्यार को हर पल सभालूं
फुरसत नहीं इतनी कि किसी गैर को अपना लूं।
उनका इरादा साथ देने का रहा हो या ना रहा हो
मगर मै आखिरी सांस तक अपना वादा निभा लूं।

****

याद करके ना मुझको यूं सताओ तुम,
ज्यादा न सही एक बार आओ तुम,
बता कर हमसे सारे ज़ख्म दिल के;
तसल्ली का परचम अब लहराओ तुम।

****

अगर तुम हमारी बात मान जाती
अपने हाथों में मेरा हाथ पाती।
साथ निभाने की परिभाषा तुम्हें आती
तुम मुझे अकेले ना छोड़ जाती।

****

गर तुम प्यार के बदले प्यार देती।
आज तुम अकेले खुद को ना खोती।
खैर! तुझे क्या फर्क पड़ता है उस बेवफाई का
मगर दिल हमारा तेरे प्यार के बगैर रोता है।

****

बिछड़ कर उनसे,
अकेले घुट घुट जी रहा हूं मैं
बिरह में उनके,
दर्द नशा का पी रहा हूं मैं।

****

हर मोड़ पर मिले
बेवफ़ाई से मालामाल करने वाले
और इल्ज़ाम बेवफाई का
मेरे रिश्ते का पेड़ सहता रहा।

****

आईने में सिलसिले चले पड़े इस कदर,
जैसे बुझता चिराग रौशन हो गया।
सलीका बतलाया जीने का इस कदर उसने,
जैसे जीना अकेला मौसम हो गया।

****

इश्क़ की मंजिल पर,
विजय पाना कौन नहीं चाहता।
मगर हकीक़त चाहना और हो जाने में
बड़ा फर्क हर वक़्त पाता।

****

चुभते कांटे दिल पर बड़ा रौब जताते है

चलो समेट लें

फफक पड़ती है तेरी यादें बड़ा तैस जताते है
आसान नहीं है इस हादसे से गुजरना युवा
आश्रय मांगू किसका सभी बड़ा खौफ जताते है।

****

आज है परीक्षा मेरी मोहब्बत की,
व्यस्त जिंदगी के शोहरत की।
मिलने मुझे जाने दो, उसके पास
है तड़प मेरे इश्क़ के खूबसूरती की।

****

करता रहा फरियाद
मुकम्मल इश्क़ खातिर,
खर्च कर दिया खुद को
तेरे इश्क़ का होकर।

****

संभालने वालों से टूटता रहा दिल
और गैर दिल का सौदा कर ले गए।
वो कहने को कहते है हमें बेवफा
और हकीक़त में खुद ही दगा दे गए।

****

जो सितम ढाए है तुमने
उसके हम गुनहगार नहीं थे
बस हमारी खता ये थी
तुमसे हम बेइंतहा प्यार किए थे।

****

ख्वाहिशों की दुनिया में अफसाने बहुत है
अपनों में छुपे गैरों जैसे बेगाने बहुत है।
उन्होंने दिल तोड़ा ये तो आम बात ना थी,

फिर भी मेरी खबर फैलाने वाले बहुत है।

****

मौत के इंतजार में बीता रहा हूं तन्हाई भरी जिंदगी,
बेबसी की कशमकश है फिर भी हंसती रही जिंदगी,
हार भारी है फिर भी हौसलों की उड़ान जारी है;
हर बाज़ी हारकर इश्क़ में, फिर भी जीत रही है जिंदगी।

****

कब ऐसा चाहा मैंने कि तुम्हें मै ख़्वाब में ना पाऊं,
उड़ आसमां में अकेले सैर जग का कर आऊं।
ध्यान रहे ये इल्ज़ाम तेरा, मुझे भारी पड़ जाएगा
प्यार खातिर तेरे बेधड़क मौत को गले लगाऊं।

****

बन शराब आ जाओ मेरे प्याले में,
पी कर घुल जाऊ तेरे नूर के उजाले में,
बस मेरे जीवन का यही ख्वाब है
बन कर तेल, कर दो घर उजाले में।

****

शायद किसी घटना घटित होने के तदोपरांत हर व्यक्ति का सामान्य प्रश्न यही होता है कि "फिर आगे क्या हुआ" । फिर आगे क्या हुआ एक प्रश्न के साथ साथ व्यक्ति की जिज्ञासा को झझकोरता है कि व्यक्ति उस प्रश्न के जवाब को प्राप्त करने के लिए लालायित हो जाता है। अगर कही ये प्रश्न पास पड़ोस की आर्थिक, सामाजिक, पारिवारिक या राजनैतिक पहलुओं से जुड़ी हो तो इस प्रश्न का जवाब प्राप्त करना अपरिहार्य हो जाता है।

इसी संबंध में हमारे प्रिय मित्रों की सूची में प्रथम पंक्तियों में शुमार, बहुमुखी प्रतिभा के धनी श्री देवशील गौरव जी ने वातावरण की छोटे-छोटे उन अनछुए पहलुओं को वर्णित करती हुई विभिन्न कहानियों का संकलन प्रस्तुत किया हुआ जिसका नाम है "फिर आगे क्या हुआ", जो प्रत्येक व्यक्ति को पढ़ने के बाद लगेगा कि ये तो अपनी ही कहानी है।

अगर ये पुस्तक अभी तक आपने नही पढ़ी है तो इसे जरूर पढ़े और अपने मनोभावों को तरोताजा करे। इस पुस्तक को प्राप्त करने के लिए आप अमेजन, फ्लिपकार्ट, नोशन प्रेस जैसी इ कॉमर्स वेबसाइट पर जा प्राप्त सकते है।

www.ingramcontent.com/pod-product-compliance
Lightning Source LLC
Chambersburg PA
CBHW061355160726
47995CB00001B/326